सफ़रनामा

MERE ALFAAZ

राखी चौधरी

क्रम-सूची

क्रम-सूची

"मैं"

मैं कोशिश हूँ परिणाम नहीं,
आगाज़ हूँ अंजाम नहीं,

बस चर्चे में हूँ बदनाम नहीं,
सुबह की पहली किरण हूँ, धुंधली-सी शाम नहीं,

वाकिब हूँ दुनिया से अंजान नहीं,
झूठी हूं, हां मैं गलत भी हूँ पर बईमान नहीं,

बे-लब्ज़ हूँ ख़ामोश हूँ पर बेजुबान नहीं,
लड़ती हूं, डरती भी हूँ, जानती हूं सबकुछ,
यूँ बेरहम दुनिया से मैं अंजान नहीं,
बेवकूफ सी हूँ शायद मगर शातिर भी हूँ।
तो कभी मुझे खुद की ही पहचान नहीं,

पर मालूम है जिंदगी रुकने का नाम नहीं,
तभी तो मैं बस कोशिश हूँ, परिणाम नहीं,
आगाज़ हूँ पर अंजाम नहीं।

"बेफिक्र"

हाँ मैं बेफिक्र -सी रहती हूँ, बिन लफ़्ज़ों के कहती हूँ, खामोशियों
को सुनती हूँ ,
कदमों से पूछकर राहो को चुनती हूँ ,

सपनों में हंसती हूँ, हक़ीक़त में रोती हूँ, ख्वाबों में खोती हूँ ,
जागती आँखों से सोती हूँ ,अपने अंदर के शहर में बसती हूँ ,
हाँ मैं बेफिक्र सी रहती हूँ।

धुप में निकलती हूँ, छावं में जलती हूँ ,रातों में ठहरकर सुबह
को ढलती हूँ , अकेले भटकती हूं, भीड़ में मिलती हूँ, खुद से ही
मिलने को तरसती हूँ, हाँ मैं बेफिक्र सी रहती हूँ।

सोचने पे परेशान रहती हूँ , बेरहम दुनिया से थोड़ी हैरान रहती
हूँ ,औरों को देख मुस्कुराती हूँ , अपनों से अनजान रहती हूँ ,पर
मैं ही मुझमें सुबह-शाम रहती हूँ , मैं तो बस बेफिक्र -ही रहती
हूँ।

"उम्मीद"

बहुत तकलीफों के बाद भी कहाँ टूट पाती है उम्मीद ,
मगर कोई ऐसी बात जो दिल को ठेस पहुँचाएँ फिर एक पल में
ही बिखर जाती है उम्मीद ,

रिश्तों के बदलते दौर में भी संभल जाती है अमींद,
कई हालातो से भी निकल आती है उम्मीद,
पर कोई ऐसा वक्त जो दर्द दे जाए, तो फिर कहाँ ठहर पाती है
उम्मीद।

मुश्किल राहों से भी मंजिल तक ले ही जाती है उम्मीद,
हर अंधेरी रात में सुबह की किरण जगाती है उम्मीद ,
पर कोई ऐसी परिस्थिती जो मन् सह ना पाए फिर आँसू संग
बह जाती है उम्मीद।

सुख में , दुःख में ज़िन्दगी के हर पल में बन जाती है नई
उम्मीद ,
हर दिन हर वक़्त पल रही उम्मीद ,
मगर कभी अपनों का दिल ना दुखाना क्युकी तुमसे है उनकी
कई उम्मीद।

"ढूंढो मुझे"

अधुरे ख्वाब में ढूंढो मुझे ,

कुछ अनसुलझे हिसाब में ढूंढो मुझे,

कभी बेवक़्त आए ख्यालों में ढूंढों मुझे,

एक जबाव की तरह सवालों में ढूंढो मुझे,

मैं हूँ वहीं मैं थी जहाँ मैं कोई वक्त नही जो भागती फिरूं यहाँ
वहां,

बे लब्ज़ हूँ आखिर कैसे करूं बयां,

हो सके तो अपने एहसास में ढूंढो मुझे,

कभी जो अगर करते थे तो उस विश्वास मे ढूंढो मुझे ,

बस एक बार अपने आप में तो ढूंढो मुझे,

मैं रुकी हुई ज़िन्दगी हूँ,

तुम्हारे पास में ही कहीं हूँ , कभी अपने जज़्बात की गहराई में
ढूंढो मुझे ,

अपनी किसी अच्छाई में ढूंढों मुझे ,

दुनिया की भीड़ में नहीं बस मेरी तन्हाई में ढूंढों मुझे ,

एक बार अपनी ही तो परछाई में ढूंढों मुझे....

"मुझे बस 'मैं' रहने दो"

अपने ख़्वाबों को बुनने दो, अपने दिल की सुनने दो,

अपने मन की कहने दो, मुझे बस 'मैं' रहने दो ,

तरीके ना बताओ मुझे,

सलीके ना सीखाओ मुझे,

मैं जिंदगी के सबक से सीखूंगी सबकुछ,

खुद सा बनाओ मुझे ,झूठ में तो पूरा जहाँ शामिल है यूँ सच्चाई

का आईना ना दिखाओ मुझे , राहों के काटों को मुझे खुद ही

सहने दो मुझे बस मैं रहने दो,

हर काम में टोका ना करो,

जिंदगी के सफर में चलने से रोका ना करो,

मना तकलीफ बहुत है पर अंजाम तो मंजिल ही है,

मगर पहुँचेगा वही जो काबिल है,

किनारों सा ना रोको मुझे, बस नदियों सा बहनें दो, मुझे बस

"मैं" ही रहने दो !!

"आईना"

बड़ी बेफिक्र होकर देखती हूँ आईना,

यह जानते हुए कि, वो 'झूठ' बताता है ,

मेरे बनावटी चेहरे के पीछे हैं कई चेहरे ये कहाँ कह पाता है,

उसका झूठ ही मेरी रोज़ की सच्चाई है ,

भला क्यों खफा हूँ उससे, अरे वो मेरी तरह ही तो देखता है

मुझे और ये उसकी अच्छाई है,

कभी उसपे लगी धुल के साथ अपने अंदर के घुल को भी पोछ
पाती,

जैसी हूँ ऐसी ही दिखाती दुनिया को, काश! मैं भी आईने की
तरह सोच पाती,

वो झूठ ही कहे जहाँ से वरना उसके टुकड़े हो जायेंगे ,

और ये शीशे किसे अपनी आपबीती सुनारोंगे,

हम इंसान है बहरूपीये बड़े टूटे हुए काँचों में भी देखकर बाल
बनाऐंगे....

"डर"

डर तो एक एहसास है
जो हर किसीके पास है 'सबके मन में करता वास है,
कोई बता देता है खुलकर इसे, तो किसी का अब तक राज़ है,

एक अदृश्य दुश्मन ही तो है डर, क्या वाकई कोई है निडर,
किसी को ऊंचाई से डर लगता है,
तो कोई अंधेरे मे आहें भरता है,
कुछ अकेले में सोने से डरते हैं ,
तो कुछ अपनों को खोने से डरते हैं।

मुझे भी तो डर लगता है तन्हाई से,
कभी एक आहट से तो कभी अपनी ही परछाई से ,
कभी पापा की डांट तो कभी मम्मी की पिटाई से ,
मगर ये डर किसी न किसी मोड़ पर अपना रंग दिखता है,
इसमें कोई शक नहीं कि ये डर सचमे बहुत डरता है,
मगर इस डर को खुद पर हावी नहीं होने देना है,
इससे बहार निकल कर इसपे जीत पाना है।

"बीत जाएगी"

जिंदगी नाउम्मीद नही नाकाम ही तो है,
लंबी है गम की शाम, मगर शाम ही तो है बीत जाएगी ,

एक टूट भी जाए तो क्या, अरमान ही तो है,
मन को मनाना भी एक छोटा-सा काम ही तो है
लंबी है गम की शाम मगर शाम ही तो है बीत जाएगी।

गिरना संभलना ज़िन्दगी का नाम ही तो है ,
बेशक तकलीफ़ है जीने में बहुत, मौत बस बदनाम ही तो
है लम्बी है गम की शाम मगर शाम ही तो है बीत जाएगी।

रास्ता मुश्किल ही सही मगर कहीं न कहीं आसान ही तो है ,
आखिर मंजिल मुश्किल राहो का अंजाम ही तो है,
लंबी है ग़म की शाम मगर शाम ही तो है बीत जाएगी,
जिंदगी नाउम्मीद नहीं नाकाम ही तो है ,लंबी है ग़म की शाम
मगर शाम ही तो है बीत जाएगी।

"क्या कभी हुआ है ऐसा"

क्या कभी हुआ है ऐसा कि, दुनिया दारी की खिट-पिट से दूर हो गए हों ख़ुद ही में मशगूल, जहन में न आए दो वक्त का खाना, ना किसी से बेवजह रूठना और नाही किसी को मनाना,और जब गलती से भी ना हो कोई भूल, जब खुद से ही होने लगे बातें दो-चार, और जब बदले-बदले से हों विचार, लगे जैसे है कोई अंदरूनी बुखार, जब दिन-रात लगे एक समान, और अचानक रुक जाए बक-बक करती ज़बान, और अपने बन जाए अंजान, जज्बात गहरे होने लगें जब नदियों की तरह, और जब एक-एक पल बीते सदियों की तरह, कभी जब नज़रों को कुछ दिखाई ना दें, कोई आवाज़ जब कानों को सुनाई ना दे, और खुद से खफा होकर बैठ जाए दिल और जब मौत की तुलना में ज़िंदगी लगे मुश्किल, तब ज़रूरी नहीं कि ये कोई इश्क की खुमारी हो , हो भी सकता है कि, कोई मानसिक बिमारी हो।

"दिल से निकली"

दिल के अफसाने हैं बड़े- बड़े कैसे सुनाए यूँ खड़े खड़े,

अनसुने से है कई राज़ मेरे,

जो ख़ामोशी में भी है निकल रहे आवाज़ मेरे,

कशमकश में पड़ी ज़िन्दगी है, फिर सोचती हूँ क्या यही मेरे

लिए सही है, हालातों से लड़ना अभी कहाँ आया है, आज अपनों

ने ही मुझे किया पराया है, ढूंढ रही हूँ दुनिया की भीड़ में

अपनो को, खुली आँखों से देख रही सपनो को ....

मन के समन्दर में लहरे नाजाने कबसे उठ रही है आज यही

अहसास निकल रहे हैं दिल से !!

"कोई तो चाहिए"

कोई 'ऐसी 'दुनिया बसाने वाला चाहिए,

जो कभी रूठ जाऊं तो मानने वाला चाहिए,

ख़्वाब बहुत से टूटे हैं ज़िन्दगी में,

अब कोई सपने सजाने वाला चाहिए,

ज़िंदगी इम्तिहान है, हर मोड़ नहीं आसान है,

पर कोई सही राह दिखाने वाला चाहिए, बेशक,अकेलेपन से प्यार

है सभी को,

मगर कहीं ना कहीं किसी का इंतज़ार है सभी को,

अरे! कोई तो दिमाग खाने वाला चाहिए,

खुद में खोए रहे हम पर जाना नही खुदको,

तराशा तो बहुत मगर पहचाना नही खुद को,

अब खुद को खुद से मिलाने वाला चाहिए....

"आखिर..."कौन हो तुम"

मैं छाँऊ-सी फ़ीकी, और तुम्हारा धूप-सा निखर आना,

मैं पतझड़ की एक सुखी राह, उस पर तुम्हारा पत्तो -सा बिखर
जाना,

मैं तो फ़क़त एक काली रात हूँ, और तुम चमचमाता एक तारा,

अगर गिरे कभी टूटकर जमीं पर, तो मिल जाना दोबारा,

मैं तो हूं एक अधूरी सी उम्मीद, मगर तुम पूरा होता ख़्वाब,

तुम तो हो चाहत हर आंखों की और मैं इस जहाँ में बरबाद,

मैं एक कोशिश हूँ बस एक शुरुआत हूँ, मगर तुम एक खुशनुमा
सा अंजाम,

अंजान हो पर पहचान में हो तुम, और मैं बेनाम फिर भी
बदनाम

मैं दुःख से परेशान, ग़म से भड़ी, और तुम तकलीफ़ में भी
राहत का एहसास,

पर बात तो ये है कि, आखिर तुम कौन हो? कहां हो? यूहीं
मिल जाते मुझे काश!!

"कुछ दुनिया के दस्तूर हैं"

कुछ दुनिया के दस्तूर हैं ,

खुश होते हुए भी दिल मजबूर है,

ना-ना करते हर हालात सह जाते हैं,

गम भी आँखो से निकलकर आंसू संग बह जाते हैं ,

न जाने किसका ये कसूर है खुश होते हुए भी दिल मजबूर है,

कुछ सपने भी टूट जाते है, कुछ राह पीछे छूट जाते हैं,

पराए अपने, और कुछ अपने पराए हो जाते है,

मगर आस अभी भी भरपूर है खुश होते हुए भी दिल मजबूर है

,

किसी को प्यार चाहिए किसी को परिवार चाहिए,

कोई दिल को दुखाता है,तो कोई पल में मनाता है.

मगर जिंदगी को समझना तो अभी बहुत दूर है,

कुछ दुनिया के दस्तूर हैं खुश होते हुए भी दिल मजबूर है...

"कुछ बात करलें क्या"

कुछ बात करलें क्या,

कुछ फर्कों को समझ लें क्या,

सौ तरह के लोग बुनिया में, हर एक को फरख लें क्या,

हर किसी में कुछ खास बात है,

घर सोच में फर्क जैसे दिन और रात

हर रंग अलग , हर ढंग अलग है, अलग अलग जात पात है,

क्या सचमें साथ रहकर कोई साथ है;

ऐसे ही जज्बातों को पढ़ लें

क्या तर्कों को समझ लें क्या,

क्यों रिश्तों में दूरी है,

संग रहना क्यों मजबूरी है,

अपनेपन से बढ़कर पैसा क्यों जरूरी है,

हममें कुछ ताकत कुछ कमज़ोरी है,

बस कहने को पूरी मगर शायद ज़िन्दगी अधूरी है,

तो इन बातो को ध्यान में रख लें क्या,

कुठ फर्कों को समझ लें क्या..

"जो होता है अच्छे के लिए"

प्यार मिलता है, प्यार सिखाने के लिए, धोखा मिलता है, संभल
जाने के लिए , नींद आती है ख्वाब सजाने के लिए,
सपने टूट जाते है, हकीकत दिखाने के लिए,
साँसे चलती हैं, जीना सिख लाने के लिए, मौत आती है, नए
जीवन को पाने के लिए,
संबंध जुड़ते हैं, नए रिश्ते बनाने के लिए,
रिश्ते टूट जाते हैं, अपनो की अहमियत सिखाने के लिए,
रात होती है, नींद से मिलाने के लिए, सुबह आती है, नई
उम्मीद जगाने के लिए, नाम होता है किसी को बुलाने के लिए,
बदनाम होते हैं, पहचान में आने के लिए,
खुशी होती है दुःख को चिढ़ाने के लिए, दुःखी होते हैं नई
खुशियों को पाने के लिए।

"मरने से पहले जीना सीख लो"

मन के अंधरे आईने में खुद को देख लो, गंदे विचारों,अहंकारों
को दरिये में फेक लो,
एक बात सुनो मेरी दुनिया वालो, मरने से पहले जीना सीख लो
! अगर गम है, जिंदगी में तो,अपनी खुशियों की कलम से
जीवन के पन्नो पर उसका लिख लेख लो, जो गम में भी खुशी
- हंसी के साथ जी रहे हैं ,
उन महानों को तुम कुछ गलत कदम उठाने से पहले देख लो,
गंदे विचारों, अहंकारों को दरिये में फेक लो, दुनिया वालो मरने
से पहले जीना सीख लो।

"हम तो बस अफ़सोस जताते हैं"

दरींदो की दुनिया है, इंसानों को नोच खाते हैं, मगर हम तो बस अफ़सोस जताते हैं।

क्या हुआ, कहाँ हुआ! इन सबकी ओर दौड़ पड़ती हैं नज़रे, मसालों की तरह परोसी जाती हैं ख़बरे, रस ले लेकर पढ़ते हैं अखबार,

और ये सब होता रहता है बार-बार,- जिसपे बीतती है सब उसके हमदर्द बन जाते हैं, मगर फिर भी सिर्फ अफ़सोस ही जताते हैं।

पत्थर की मूरत को रेश्मी कपड़े पहनाते है, बाहर अपनी हवस मिटाते हैं , देवी के आगे हज़ारो दिए जलते हैं ,

और बाहर इन्हें जिंदा जलाते हैं, और हम सिर्फ अफ़सोस जताते हैं।

आखिर क्यों इतने बेबस हैं हम क्यों लड़ नहीं सकते, हर बात पे मरने को तैयार है दुनिया, मगर इसपे कुछ कर नहीं सकते,

मुस्कुराते हुए कई आँगन की तितली ऐसे ही उड़ जाएगी,

मगर ना जाने हममें हिम्मत कब आएगी,

दरींदे इसी तरह अपना रंग दिखाएंगे, मगर हम तो बस अफ़सोस ही जताएँगे।

छोटा-सा 'खत'

भेज रही हूँ खत किसी अंजान को, इसी बहाने ही सही पढ़ ले
वो मेरे अनकहे पैगाम को, थोड़ी खुशिया हैं और कुछ गम भी
हैं, और उनके कई दर्दों के मरहम भी हैं,
दिखावे का गुस्सा और ना कही जाने वाली मोहब्बत भी है, टूटी
हुई हसरते,और अधूरी चाहत भी है,
मगर ज़िक्र नहीं है बेवफ़ाई का , शायद कहीं ना कहीं डर है
मुझे जुदाई का, अब बस खुद को यही रोकती हूँ और उन्हें
टोकती हूँ, और आखिर में बस इतना ही कहूँगी कि , अगर
पसंद आए खत तो मुस्कुरा देना, वरना बस फाड़ कर उड़ा
देना......!!

"बस यूँही"

अंधेरे में रौशनी तलाशती आँखें, सहमे हुए सपने जब हकीकत को झांके,

ख़ुद पे इतराता हुआ ज़माना, है ख़ुद से खफ़ा भी,

वे चाहने वाले को देते हैं सज़ा भी, कोसते रहते जिंदगी को, पर लेते हैं मज़ा भी,

फितरत बदलने की आदत है उनकी, और खेलते हैं दिलों से भरपूर, सफ़र लंबा है काफ़ी, मंजिल है अभी दूर, बारिश भी नही धो पाई इन नम आंखों को, पर उसका भी क्या ही कुसूर,

बस दर्द की कैद में कई दिल आज भी हैं मजबूर......

"आहिस्ता आहिस्ता"

आहिस्ता आहिस्ता चलो ना ज़िन्दगी जीवन बीताना बाकी है,

कुछ फ़र्ज़ निभा चुके हम, कुछ क़र्ज़ चुकाना बाकी है,

तुम समय को रोक के रख लेना, कुछ पल बीतना बाकी है,

जो रूठ गए हैं हमसे उनको मनाना बाकी है ,

रात के अधूरे खुवाहिशों को सुबह जगाना बाकी है,

अपनो को फिर अपनाकर रिश्तो को निभाना बाकी है,

ख्वाब हैं बहुत से देखे उन्हें सचकर दिखाना बाकी है,

माँ की गोद में सोकर बच्चा बन जाना बाकी है,

मुझे कहीं ना ले जा ऐ ज़िन्दगी अभी तो काफी जीना बाकी है।

"मेरा शहर"

मेरे अन्दर मेरा एक छोटा-सा शहर रहता है, जो हमेशा मुझे आने को कहता है, मगर मैं कैसे कहूँ कि, मुझे इस बेरहम दुनिया की ज़ंजीरों ने जकड़ रखा है,
और मैंने बस एक जीने की उम्मीद को पकड़ रखा है, मेरे शहर में खुशियां भरपूर है, गम वहाँ से कोसो दूर है, और हवाओं का रुख रहता मेरी ओर है, वहाँ मैं अपने मन का करती हूँ, छोटी-छोटी बातों पे नहीं लड़ती हूँ, पर मुझे ख्वाबो के शहर से आना होता है, हँसते हँसते हर रिश्ते को निभाना होता है, मगर मुझे हक़ीकत को भी ख़्वाब की तरह सजाना है, इस दुनिया को भी अपने अन्दर के शहर जैसा बनाना है !!

शायद...

↑

शायद इस दिल की गहराईयों में छुपे हुए हैं राज़ कई,

माना होंठ ख़ामोश हैं पर हैं इनमें आवाज़ कई, हकीकत से

अंजान नहीं मैं मगर हैं इन आँखों में ख़्वाब कई,

यूँ तो सन्नाटा है चारों ओर फिर भी सुने हैं इन कानों ने नगमे

और साज़ कई,

लब्ज़ याद नहीं आज, मगर गौर करो तो आँखों में भी हैं

अल्फाज़ कई,

मासूमियत का दिखावा करते अक्सर मिल जाते हैं इस जहाँ में

चालबाज़ कई।

फुरसत

इस भाग दौड़ भड़ी जिंदगी में आखिर किसको मिलती है
फुरसूत, दुनिया की इस भाड़ी भीड़ में आखिर किसको मिलती है
फुरसत !
उगता सूरज नाजाने कब हो जाता अस्त है, किसी को खुद के
लिए ही छुट्टी नही, तो कोई खुद में ही मस्त है,
सुना है आजकल इंसान बेरोज़गारी में भी त्यस्त है,

किसी को काम से ही मिलता आराम है
तो किसीका आराम ही काम है, नाम वालों को पूछता ही कौन
है, चर्चे उन्ही के हैं जो बदनाम है,

दिक्कत ये है कि अपनी ही सुनते है हर बात पर हम अपनों
की सलाह मानते नहीं , मना खुद को जानते हैं हम मगर
शायद अभी तक पहचानते नहीं,
पैसों के पीछे इस कदर भागते हैं, दुःखो तकलीफों के नीचे
दबकर रात-रात भर जागते हैं,
पर ये सच है कि फुरसत सबको चाहिए, मगर फुरसत के पल
खाली दिमाग शैतान का मत बनाइए,
कुछ समय अपने लिए निकालकर खुद के साथ वक्त बिताइए,
खुद हंसकर अपनो को हंसाइए , फिर देखिए जीवन के रंग कैसे
खिलते हैं क्योंकि, जिंदगी की खुशियों तो अपनो के साथ ही
मिलते हैं।

"ये समय भी बीत जाएगा"

बिगड़ा लम्हा फिर सुधर जाएगा , अंधेरे में छुपा उजाला फिर
उभर आएगा, अच्छा वक्त हमसे रूठ कर किधर जाएगा,
हिम्मत और जज्बा आखिर में जीत जाएग ये समय भी बीत
जाएगा,
बुरा सोचने से क्या हो जाएगा, हाँ ये होगा कि, उम्मीद खो
जाएगा,
और फिर मन दर्द में खो जाएगा ये क्यों न सोचें, सब ठीक हो
जाएगा
और फिर हिम्मत और जज्बा आखिर में जीत जाएगा , ये
समय भी बीत जाएगा।
सब मिलकर लड़े, हर मुसीबत भाग जाएगा, बस यूँही कोशिश
चलती रहे हल भी निकल आएगा,
मुश्किल है तो क्या, वक्त गुज़र जाएगा, बस हिम्मत और
जज्बा आखिर में जीत जाएगा,
ये समय भी बीत जाएगा।

"क्या-क्या भूलते जा रहे हैं"

इस भाग-दौड़ भरी जिंदगी में
लोग क्या-क्या भूलते जा रहे हैं.....
खुल के मुस्कुराना,
खुशियों को मानाना,
रिश्तो को निभाना,
अपनों को हँसाना,
भूल गए.....
भूलना ही है तो....
दिल को दुखाना भूल जाओ,
किसी को तड़पाना भूल जाओ, दूसरों को नीचा दिखाकर खुद पर
इतराना भूल जाओ,
यूँही बात बात पर आँसू बहाना भूल जाओ, किसी को आँखे
दिखाना भूल जाओ....
याद रखो तो सिर्फ प्यार की भाषा ......

"ये क्या सीख लिया"

खवाबो को सजाना सीख लिया, कदमों को भटकाना सीख लिया,

दुःखो को समेटा इस कदर मन को भी मनाना सीख लिया,

एक गम के तले सारी खुशियों को भूलना सीख लिया,

दिन की रोशनी से रातों को जलाना सीख लिया,

झूठ की चादर से सच को भी छुपाना सीख लिया ,

पैसो के खातिर झूठे रिश्तों को निभाना सीख लिया,

गलतियाँ कर-कर के गुनाहों को हुपाना सीख लिया,

अपना राह बनाते बनाते अपनों को हटाना सीख लिया

ज़िन्दगी जीते जीते ये हमने कैसे 'जीना' सीख लिया?

जिंदगी क्या है?

कभी किसी मोड़ पर किसीका मिल जाना ही जिंदगी है,

बीज बोए पौधे में एक दिन फूल खिल जाना ही जिंदगी है,

कुछ रस्मे निभाना ,कुछ कसमें तोड़ना कभी किसी का दिल
दुखाना,

तो कभी टूटे हुए दिल का पिघल जाना ही जिंदगी है ,

खुशी में झूमना, ख़्वाबों की दुनिया में घूमना कभी बक-बक कर
खूब बोलना ,

तो कभी ग़म में होंठों का सिल जाना ही जिंदगी है,

मगर हर हालात में कुछ ना कुछ में कुछ न कुछ सिखा जाती
है जिंदगी,

कैसे हम इंसान हैं ये रोज़ बता जाती है जिंदगी,

खुदा की इबादत,प्यार की चाहत, राह मे फसने की आदत,

फिर उसी भटकते राहों से निकल आना ही ज़िन्दगी है।

"किसी को देखा था मैंने"

किसी को देखा था मैंने सपनों में आते हुए, मगर जब आँख खुली तो कोई कहाँ था ,

कुछ ना बदला था यहाँ , बिल्कुल पहले जैसा ही तो ये जहाँ था ,

वही अंधेरे में रोशनी ढूढ़ती ये जिंदगा और बूझा-बुझा हुआ शमा था,

वो दो-चार दिन के कथित प्यार के धागों में उलझे कुछ लोग तो कोई उम्र भर के रिश्तो में फसा था,

पीनेवालो को ही तो था होश ज़िन्दगी का ,औरों को तो बस अपनी-अपनी फितरत का नशा था,

वक्त वहीं अपनी गति से भाग रहा था, कुछ मज़े में थे अपनी जिंदगी के,

तो कोई काम में रात-रात भर जाग रहा था,

मैं भी अपने सपनों को समेट लग गई दुनिया-दारी के काज में,

अपना सुकून तलाशती हुई इस हलचल समाज में, किसी तरह ढूंढूं खुद को बस इसी प्रयास में,

लाजमी है कि, मैं कोई खास नहीं सब जैसी एक इंसान ही तो हूँ,

वाकिब हूँ दुनिया के उसूलों से , सच्चाई की कोई मूरत नही

बेशक झूठ का सहारा लेने वाली एक बईमान ही तो हूँ,

मेरे कई ख्वाब बस रह गए आंखों में दबके,

सपनों के वो महल झरोखे ध्वस्त हो गए कब के,

सीखती हूँ हर रोज़ एक सबक जिंदगी की लड़ाई से,
करती हूँ बाते उक्सर अपनी ही परछाई से,
होती हैं मुलाकातें अक्सर अपनी ही तन्हाई से,
अबतक कहाँ मिली हूँ खुद से अभी मुझे खुद की उतनी पहचान नहीं ,
जब तक आंखे बंद ना हो पूरी तरह तब तक जीना इतना आसान नही....

"ज़िन्दगी इम्तिहान लेती है"

कोई बेईमानी के बीज बो रहा है ,तो कोई ईमानदारी से बर्तन
भी धो रहा है ,

कोई चैन से ऐसी में सो रहा है ,तो बेरोजगार घर बैठे रो रहा
है,

तो कोई पैसो में मन मोह रहा है तो कहीं सड़को पर गरीबी का
तांडव हो रहा है,

ख्वाब आँखो से खो रहा है तो बंद आँखे सपने भी संजो रहा है,

दिलो में नफरत चैन से सो रहा है तो प्यार 'प्यार' की जगह
खो रहा है,

अगर ऐसे ही चलता रहा तो दिन दुनिया हमारी खो जाएगी ,

और इंसानियत भी एक दिन चद्दर ओढ़कर सो जाएगी।

वाह रे इंसान!!

ये इंसान का मन कितना दूषित है , है ये हवा पानी खराव या
अपना दिल प्रदूषित है,

क्यो मन में हैं छुपा इतना अहंकार, क्यों बंद आँखो को है
सपनो से तकरार,

क्यों भटकते फिरते हैं हम,

क्यों अपने ही नज़रों से गिरते हैं हम,

क्यों सच छुपाए जाते है यहाँ ,

झूठ ही हर आँखो में नज़र आते हैं यहाँ,

क्यों रास्तों में इतना गुरूर है, क्यों मंजिल करीब होकर भी दूर
है,

क्यों बातों में हमारे इतनी तकरार है,

यहाँ प्यार से ज़्यादा क्यों नफरत की मार है ,

है ये वातावरण ख़राब या अपना मन बीमार है,

क्या कोई सचमुच समझदार है,

वाकई ये इंसान का मन कितना दूषित है , है ये हवा पानी
खराब या अपना दिल प्रदूषित है।

"इंसान के रूप"

कभी वो नादान है कभी अंजान है,

कभी बेरहम तो कभी शैतान है,

कभी बेवजह सम्मान तो करता कभी अपमान है,

वह कभी मारता तो कभी डगड़ता है,

कभी लड़ता तो कभी हारता है, कभी डरता तो कभी अकड़ता है,

यह सारी उसकी पहचान है,

वह कभी बेगाना है कभी अंजाना है,

कभी पागल तो हो जाता कभी दीवाना है,

कभी बेवक़्त कहीं आना तो कभी जाना ,

उसका कभी शर्माना तो कभी बात-बात पर घबराना,

कभी यूँही रूठना और मनाना,

उसके अलग-अलग स्वरुप हैं,

क्या यहीं इंसान के रूप हैं!

"सुख दुःख की दास्ताँ"

कहीं सपनो को बिखड़ते हुए देखा है मैंने,

तो कहीं पे ख्वाबो को सजते हुए भी देखा है मैंने,

कहीं किसी के नींद को खोते हुए देखा है मैंने,

तो कहीं पर किसी को चैन से सोते हुए भी देखा है मैंने,

कहीं साबन को बेवजह बड़सते हुए देखा है मैंने,

तो कहीं पर एक बूँद पानी के लिए भी लोगों को तरसते हुए
देखा है मैंने,

कहीं सर्दियो में आग को सुलगते हुए देखा है मैंने,

तो कहीं पर बहु बेटियों को जिंदा आग में झुलसते हुए भी देखा
है मैंने,

किसी को अहंकार से आसमान में उड़ते हुए देखा है मैंने,

तो किसी को ज़मीन पे रहकर ही आसमान का सीतारा बन
उमड़ते हुए देखा है मैंने,

किसी के ख्वाहिशों को रात के अंधेरो में ढलते हुए देखा है मैंने,

तो किसी के उम्मीदों को सुबह के सूरज संग जगते हुए भी
देखा है मैंने।

"ढूंढना है"

दिन की रौशनी में, रात के अँधेरे को ढूंढना है,

मिले अँधेरे के बाद सूरज के सवरे को ढूढना है,

एक मुस्कुराहट के बाद हमे पूरी हंसी को ढूंढना है,

थोड़े से गम के बाद लंबी खुशी को ढूंढना है,

काँटे हटा-हटा कर फूलो के बहारों को ढूंढना है,

अब हर तिनके के लिए मिलकर हमे कई सहारों को ढूंढना है,

जज़्बातों से जो भरी जा सके ऐसी किश्तों को ढूंढना है ,

बिना स्वार्थ के निभाई जा सके ऐसे अनमोल रिश्ते को ढूंढना है,

सारी दुनिया में फैले ऐसा प्यार ढूंढना है,

स्वर्ग से भी सुन्दर हो ऐसा संसार को ढूंढना है।

"ज़िन्दगी को हमेशा"

ज़िन्दगी को हमेशा दर्द ही क्यों चुनना है,

दिल को अब किसी की कहाँ सुनना है,

सपने टूटे गए तो क्या हुआ,आँखो को हमेशा ख्वाब ही बुनना है,

रास्तो को मंजित की खबर कहाँ है ,

मन को चाहत पूरा होने के लिए सबर कहाँ है,

झूठ से सजी इस दुनिया में सच्चाई के लिए डगर कहाँ है,

सूरज की रौशनी से नज़रे कौन मिलाता है,

रातों को तारो को चमकना कौन सिखाता है ,

सुबह-सुबह किरणो को कौन जगाता है,

शाम में दिन ढलने से कौन रोक पाता है,

पंछी भी घोसले मे रहकर वो सब सीख जाता है,

जो इंसान के सोच में भी ना आता है।

"सपने जो टूटे तो"

सपने जो टूटे तो दर्द बहुत होता है कोई एक धड़कन बंद सीने
में रोता है,

सपने जो टूटे तो आँखे नम हो जाती हैं एक ख़ुशी टूटकर गम
मे खो जाती है,

सपने जो टूटे तो ज़िदगी बदल जाती है ,कोई आस तक उम्मीद
भी ना आती है,

जो सपने टूटे तो उदास मत होना, छोटे-छोटे ग़म से हताश मत
होना , जो सपने टूटे तो फिर सजा लेना ख्वाब नए अरमानों के
बना लेना एक आशियाना अपनी भावनाओं के,

यूँही बुनते रहना सपने ज़िन्दगी के इस सफर में,

नयी उम्मीद जगाना अपनी चाहत भरी नज़र में ।

"सीख लेते"

↑

काश! जिंदगी से हार कर भी जीना हम सीख लेते, ख़ुद हँसकर औरों को हंसाना सीख लेते, दर्द को अपनाकर दुःख को भी सहना सीख लेते, काश! आसमान की ऊंचाई छोड़ जर्मीं पे रहना सीख लेते।

भले एक अच्छाई हम सीख लेते, झूठ से पहले सच्चाई हम सीख लेते , एक तिनके से पूरी कश्ती को बनाना सीख लेते , बिना स्वार्थ के काश रिश्तो को निभाना सीख लेते।

भूखों को खाना खिलाना सीख लेते, मन के इक कोने में अपनों को अपनाना सीख लेते, बड़ो का आदर, छोटो को प्यार करना सीख लेते, काश!,घर को परिवार बनाना सीख लेते।

"इंसान को अब कुछ भी ठीक नहीं लगता"

राहों से किसी को उठाना ठीक नही लगता ,

भूखों को खिलाना ठीक नहीं लगता,

झूठ को भूलाना ठीक नहीं लगता,

सच कह जाना ठीक नहीं लगता,

छल ये बखूबी जानते हैं , धोखा ये देते है सबको,

अपने तक को भूला देते हैं पर अहंकार को भूलाना ठीक नहीं
लगता,

कष्ट देते हैं अपनो को, तोड़ देते हैं सपनों को ,

गैर की तरह जीते हैं जिंदगी अब उन्हें रिश्तो को निभाना ठीक
नहीं लगता,

मुश्किल में हर पल रहते हैं, दर्दों को दिल में समेटे रहते हैं,

कि, किसी को अपना गम बताना इन्हे ठीक नहीं लगता ,

इस तरह दुनिया में अपना जीवन गुज़ार रहे हैं ये इंसान,

कि, अब इन्हें जिंदगी जीना भी ठीक नहीं लगता।

"आज की दुनिया"

आज की दुनिया अहंकार से मलामाल है,

सच्चे झूठे रिश्तों का जंजाल है,

महँगाई से बुरा हाल है,

भष्टाचारी पैसो से मालामाल है,

आम आदमी कंगाल है,

सोने की चिड़िया कबकी उड़ चुकी,

अब तो खाली अपनी डाल है,

गरीबी और नफ़रत से ज़िन्दगी बेहाल है,

नाजाने ये कोनसा काल है,

बस इसी बात का हमें मलाल है,

सचमुच आज कल की दुनिया का हाल बेहाल है।

"चाहत आगे बढ़ने की"

चाहत आगे बढ़ने की, सबको साथ लेकर चलने की, रास्ते भले ही आसान नहीं मगर जूनून है अब मंजिल तक पहुँचने की, नए सपनो को बनाते चलना है, नए ख्वाबो को आँखो में भड़ना है, खुद से पहले अपनों को खुश करना है,

रौशनी की तरह चमकना है, पंछियो की तरह चहकना है, फूलों की तरह खिलना है, रुकना नहीं अब बस नदियों सा बहना है, बस बंद करो ये लड़ना झगड़ना अब सब को है मिल-जुल कर रहना।

"होसले बुलंद हो"

होसले बुलंद हो, नई-नई उमंग हो,
चारो तरफ हँसी के रंग हो,ऐसे हमेशा आपका संग हो,
जैसे साथ डोर और पतंग हो,
मन के दुःख मिट जाए, गम के बादल छट जाए,
खुशियाँ आके लिपट जाए, हंसी अंदर सिमट जाए,
नए ख्वाबों का मंग हो ,चारो तरफ हंसी के रंग हो ।

खुश रहना ही सब जाने , एक दूजे के ग़म को पहचाने हर दिल
को जोड़े अपनों का कभी कोई साथ ना छोड़े , बस सब साथ
और संग हो,
युहीं चारो तरफ हंसी के रंग हो।